APRENDER CON DISLEXIA

Método de lectura y escritura con cuentos emocionales

Carmen Quirell
Ilustraciones: Rosalía Órpez

Diseño de edición:
Elena Torres

De la presente edición:
Grupo Sar Alejandría S.L.

Edita:
Saralejandría Ediciones

ISBN: 978-84-10105-19-5
Depósito Legal: CS 138-2024

A mi hija Carmen, la luz de este libro.

@CARMENQUIRELL_ESTAESMIAULA

PRÓLOGO

Las maestras de Educación Infantil somos conscientes de la magia que entraña un cuento en manos de nuestros alumnos/as. Cuando acercamos las historias de los libros, una puerta al aprendizaje se abre ante ellos. Sucesos que se conectan con sus intereses, necesidades, deseos, temores, sueños… Todo un mundo de aventuras que les aporta importantes conocimientos desde edades tempranas.

Grandes relatos que impregnan las páginas, convirtiendo al niño/a en pirata, trapecista superhéroe, pintor y un sinfín de personajes que le hace sentirse protagonista de la obra.

Recordemos la célebre frase popular: "Un libro, un tesoro", y en la etapa escolar, podríamos añadir que de valor incalculable para aprender. Si, además, lo encontramos inmerso a través de un enfoque globalizador, nos brinda, como docente, la posibilidad de vincular las enseñanzas con otras áreas como el desarrollo de las Competencias Lingüísticas, Matemáticas, Artísticas, Tecnológicas, etc., para fomentar un aprendizaje significativo.

En este caso, la autora María del Carmen Quirell José, nos presenta una colección de cuentos con una destacada carga emocional que pretende, de forma transversal, calar con su mensaje en el alumnado a la par que desarrollar un aprendizaje de la lectura y la escritura, con funcionalidad y sentido. Un método creado desde la formación docente y la práctica del aula, destinado a profesionales de la educación y familias de los niños y niñas.

Con esta extraordinaria obra, encontramos la mejor manera de enseñar a leer y escribir al niño/a, con una especial atención a aquellos que tienen dislexia o necesitan refuerzo educativo, creando así una metodología inclusiva que pretende ser un instrumento motivador y conectado con las características y necesidades de todo tipo de alumnos/as.

La autora pretende llegar a la mente y al corazón de grandes y pequeños para que la lectura y la escritura sea un proceso natural, con sentido y significado.

María del Mar Quirell José.

@maestra_marquirell

Maestra en Educación Infantil y en Audición y Lenguaje.

Ponente acreditada en Matemáticas ABN.

iNDiCE

INTRODUCCIÓN

PRIMER CONTACTO

Recuerdo, después de acabar la carrera de Magisterio, donde una madre, en una sesión de tutoría, me comentó que su hija confundía las letras al leer y escribir. Pensé que nadie en la universidad me había preparado para poder atender a la niña. Tenía que estudiar y pedir ayuda a profesionales.

Empecé a investigar y lo que encontré fue muy técnico y poco práctico, sin embargo, pude empezar a trabajar y ayudar a mi alumna, aunque de manera bastante convencional e incluso tediosa.

El tiempo pasó y no volví a encontrarme con ningún caso más. Imagino que la falta de conocimiento de esta dificultad provocaba que no hubiese estudiantes diagnosticados. Más del 10% de la población lo sufre, unos 800.000 niños/as en España, entre un 2% y un 8% de los estudiantes. La dislexia es uno de los factores más importante del abandono escolar ya que afecta a los saberes básicos de cualquier área en la lectura y la escritura, ambos imprescindibles para comprender y poder expresarse adecuadamente. De igual forma es habitual que hayan tenido dificultades en el desarrollo del habla y del lenguaje, así como de adaptación social por no contar con un vocabulario adecuado para comunicarse, lo que los lleva a frustrarse de pequeños usando las manos y pegando como medio de llamada de atención.

Sin embargo, el problema, lejos de atenuarse en el tiempo me llevó a enfrentarlo cara a cara. Lo que me hizo crecer como docente y como persona. Me ayudó a entender que todo lo nuevo que me quedaba por aprender y por descubrir, no quedaría relegado a la ayuda de esa única estudiante. La educación debía cambiar y era necesaria aplicarla en los niños/as de mi clase. Los grupos cooperativos, los juegos y especialmente los cuentos, serían la clave para hacer bien mi trabajo como tutora de una clase de tercero de primaria. Asimismo, mi experiencia de más de 15 años como docente y mi inquietud por ser escritora me llevaron a crear una colección de cuentos que fueran atractivos y motivadores para quien los viera o leyera. Tuve, además, la suerte de contar con dos grandes profesionales: Sebastián Sánchez Martos, logopeda y Juan Francisco Herrera Alarcón, psicólogo del Centro De Psicología Altea.

Sólo quedaba empezar a trabajar y estudiar para que la nueva pequeña de siete años, que no era capaz de escribir ni una frase con sentido, pudiera en poco tiempo, sentirse como una más en el aula. La aventura comenzaba y tenía clarísimo que llegaríamos juntas hasta el final.

CAPÍTULO I

CLARIDAD EN EL HORIZONTE

Para cualquier persona la dislexia no es más que: "Una combinación de habilidades y dificultades que afecta al proceso de aprendizaje de una o más de las siguientes destrezas: la lectura, la ortografía y la escritura. Es una condición constante. Igualmente puede ir acompañada de otras dificultades en el área de la velocidad de procesamiento, memoria a corto plazo, organización, secuenciación, lenguaje hablado o habilidades motrices. Puede haber dificultades en la percepción visual y/o auditiva. En concreto, puede estar relacionada con el dominio y el uso del lenguaje escrito que incluye el abecedario, los números y las notas musicales. La dislexia puede aparecer a pesar de existir una capacidad intelectual normal y recibir una instrucción educativa adecuada. Es constitucional en origen, forma parte del individuo y es independiente de un entorno socio-económico y del lenguaje. Algunos estudiantes tienen muy desarrolladas las habilidades creativas y/o interpersonales, y otros disponen de una capacidad oral muy buena. No siempre destacan por tener un talento en concreto, pero todos disponen de alguna destreza, en la que son realmente buenos."- FEDIS (Federación Española de Dislexia).

Sin embargo, era algo más. Una tarde, sentada en el gabinete de psicología, escuché a Juan cómo me explicaba qué era la dislexia:

"Imagina que tienes una estantería en la que están todas las cosas que te gustan: ropa, libros, música…, pero en esta ocasión todo está desordenado. Por lo que es difícil encontrar algo. Nosotros vamos a ponerle orden metiéndolo en cajitas y etiquetándolas de manera que cuando necesites algo, puedas encontrarlo fácilmente en el estante adecuado y en su caja concreta".

De pronto lo comprendí. Sólo había que ayudar a la pequeña a entenderlo del mismo modo que yo lo había visto. Parece simple, pero no lo es. En ocasiones he llegado a pensar que sus pocas ganas de aprender se debían a su pereza. Estaba muy equivocada, consistía en ayudarla a encontrar la caja adecuada porque el desorden que tenía en su cabeza no le permitía llegar al estante correcto ni a la caja correcta. Siempre había estado claro. Sus síntomas así lo habían mostrado e incluso gritado y sin embargo no los identifiqué, por el contrario, llegué a pensar en calificarla como desordenada o vaga.

Algunos de estos síntomas que se veían en su quehacer diario eran:

1.-DESORGANIZACIÓN:

Ver su mesa llena de papeles desordenados así como su libro de actividades de hojas dobladas y tachaduras por doquier, te evidenciaba que en su cabeza todo debía estar de igual modo. Y no puedo dejar de pensar en mi padre que siempre me ha dicho: "Mesa ordenada mente ordenada" para así contar con un medio de trabajo que nos permita actuar cómodamente y de manera organizada.

Su casillero contaba con papeles caídos, fichas dobladas, carpetas con las esquinas rotas..., de igual modo que podías encontrar su libro de actividades donde la escritura era sucia y desordenada y en la mayoría de los casos ilegibles.

2.-RETRASO EN LA ADQUISICIÓN DEL LENGUAJE:

Se observaba la diferencia con el resto de estudiantes del grupo-clase. Con el tiempo descubrí que la llamaban "bebé". Su baja estatura y su lenguaje llevó a los alumnos/as a etiquetarla de esta manera peyorativa. No obstante gracias a un buen trabajo de la docente, conseguimos eliminar esa etiqueta y transformar a "un patito feo en un precioso cisne" que juega feliz e integrada con sus compañeros/as.

3.-POCA CAPACIDAD MEMORÍSTICA:

Mostraba mucha dificultad para retener el nombre de palabras habituales como: los colores, los números, los días de la semana, etc.

4.-DESORIENTACIÓN ESPACIAL:

Rara vez reconocía la izquierda, la derecha, encima, debajo, etc.

5.-DIFICULTAD PARA RETENER LA INFORMACIÓN:

Tratar que aprendiera a escribir era un enorme reto y cuando un día lo hacía bien, al siguiente parecía que no habíamos avanzado nada, porque de nuevo lo confundía todo. Lo que provocaba su antipatía a querer trabajar o aprender.

6.-INVERSIÓN U OMISIÓN DE LAS LETRAS:

Al realizar la grafía de las letras solía invertir su dirección escribiéndola en espejo u omitiéndolas.

7.-FALTA DE ATENCIÓN:

Además era habitual ver cómo se distraía a lo más mínimo con cualquier cosa que ocurriese dentro o fuera de la clase. Un lápiz sobre la mesa, un ruido en el pasillo, etc.

8.-BAJA AUTOESTIMA:

Un aspecto que descorazonaba era escucharla decir: "Soy torpe". Su baja autoestima y su frustración la llevaban a sentirse mal cuando realizaba los trabajos escolares. Tendía a copiarse por no tener confianza o no ser capaz de realizar su trabajo correctamente lo que provocaba que los compañeros/as se enfadasen y la acusaran de "copiona".

9.-MALA ESCRITURA:

Estaba marcada por la falta de limpieza, letra excesivamente grande y en la mayoría de las ocasiones como hemos mencionado, con carencia de sentido.

Como docentes somos conscientes de que nuestros alumnos/as deben contar con una atención individualizada, pero en este caso, estaba clara y era compartida por miles de alumnos/as en el mundo. Tenía un diagnóstico: Dislexia.

Hemos de destacar que todas las mejoras que se puedan aplicar en clase, aunque en un principio sean desarrolladas en concreto para estos alumnos/as, serán adecuadas para el grupo-clase ya que les proporcionamos herramientas que mejorarán el proceso de enseñanza-aprendizaje sea cual sea su nivel de conocimiento.

De igual modo, quisiera recalcar que éstos son los síntomas que presentaba la pequeña pero debe ser una persona especializada quién diagnostique al niño/a disléxico. Los maestros/as no estamos capacitados para dar un juicio profesional en este ámbito. Fueron semanas de pruebas y juegos con el psicólogo los que le llevaron a esta conclusión. No obstante, no todos los estudiantes con estas características deben tener dislexia. Las pruebas realizadas por un psicólogo/a son las que lo determinarán.

CAPÍTULO II

HOGAR DULCE HOGAR

No cabe duda que la familia es el apoyo principal para cualquier persona disléxica. Es la pieza fundamental del puzzle que logrará, junto con la escuela, guiar al pequeño/a para superar su dificultad. El día a día, el ansia por querer hacer las cosas lo mejor posible, de controlarlo todo, de que la rutina sea tal cual la marca el reloj..., hace que vivamos en una continua noria de perfección, al menos para nuestro parecer, pero también de estrés, lo que provoca que en ocasiones nos frustremos rápidamente ante algo que no entendemos. Tener un hijo/a que va mal en la escuela provoca enfados continuos y mucha decepción. Conocer la realidad y descubrir que hay una dificultad puede llegar a ser muy duro.

En el mes de junio, en la sala de reunión, la madre de la pequeña vio como en el informe, que la orientadora del centro educativo de su hija le entregaba, se podía leer claramente un diagnóstico: Dislexia.

Desconcertada, ella asiente con la cabeza pero en realidad no escucha. Su mente vuela y se pregunta qué ha hecho mal. Sabe que es hereditario, pero, ¿de quién vendrá? Se aflige por las veces que no ha entendido a su pequeña pero a la vez siente temor. Lamenta no haberla comprendido y regañado. Desearía una solución inmediata al problema, pero esto tiene un proceso: necesita tiempo. Y así es, llegar a la perfección, a esa exigencia de controlarlo todo se queda en un segundo plano porque la vida le ha dicho ALTO. La madre no puede evitar las lágrimas que le caen por sus mejillas y la orientadora se calla haciéndose el silencio en la sala.

De nuevo parece que ha vuelto a atender a quién le habla y las palabras que escucha se les quedan grabadas en su cabeza.

"Entiendo tu preocupación pero tu hija no tiene un problema -le informa la orientadora- sólo es una dificultad y vamos a poner los medios necesarios para ayudarla. La dislexia no se cura pero se aprende a vivir con ella. Hay grandes profesionales que la tienen y trabajan con total normalidad".

A la familia no le queda más que aceptar los hechos y colaborar para llevar a cabo estrategias para que la pequeña pueda desarrollar plenamente sus capacidades. Y como punto principal estaba explicárselo a la niña para que entendiera qué le pasaba.

CAPÍTULO III

UN MUNDO INTERIOR POR DESCUBRIR

Hablar con la pequeña fue primordial para que comenzara a tener un comportamiento positivo. Aún veo su carita seria, pensativa, con los ojos grandes y muy abiertos a la espera de ver qué le decíamos. Sentadita con los pies sin tocar el suelo escuchaba atentamente. Con la misma explicación que se me dio pero adaptándolo a animales de peluches y juguetes, fue entendiendo a sus siete años qué le pasaba. Su expresión facial fue cambiando y convirtiéndose en una mirada con luz y una sonrisa amplia en su boca.

Su autoestima estaba mermada porque se sentía torpe, desbordada por el sobreesfuerzo y los escasos resultados obtenidos en el colegio. Sin embargo, "todo estaba cómo debía estar". No existía ningún problema grave y ahora ella lo sabía.

Sin darnos cuenta, había estado sufriendo inadaptación social por ser diferente, ya que parecía que no mostraba interés en los estudios y sus calificaciones eran bajas. En ocasiones incluso se sintió marginada por considerarse una niña con retraso intelectual, cuando lejos de la realidad sólo necesitaba ayuda. El poder oír de una persona cercana que éramos conscientes de su esfuerzo en clase y que la íbamos a ayudar a que entendiese "esas letras que bailaban", le hizo sentirse mejor.

Era habitual que se hablase de:

◇ Su falta de interés por el estudio.

◇ Sus malas calificaciones.

◇ Su posible retraso intelectual.

◇ Su sobreprotección en casa que le hacía estar muy mimada y consentida.

Comprendió que su vida académica sería más complicada que la de los demás pero que con afán lo lograría. Que le ayudaríamos a estudiar con canciones, juegos, trucos para memorizar (reglas nemotécnicas), carteles y principalmente cuentos. Y que, aunque su esfuerzo se viera a largo plazo, su trabajo tendría recompensa.

La idea de aprender de manera tan divertida le entusiasmó y la timidez y nerviosismo de un principio, quedaron lejos para ver a una niña motivada e ilusionada por trabajar con nosotros.

Ahora era necesario buscar información y formarse. No volvería a las fichas en blanco y negro de años atrás. Era hora de renovarse e investigar.

Una persona con dislexia suele ser considerada poco inteligente, pero lejos de la realidad, su capacidad intelectual es igual o superior a la media, lo que facilita que con la guía adecuada consiga mejorar paulatinamente. Sólo necesita apoyo por parte de la familia y la escuela, donde esta cuente con un programa de tutorías o de educación especializada.

CAPÍTULO IV
APRENDIENDO A SER DETECTIVE

Teníamos claro que había que iniciar un "Protocolo de detección, identificación e intervención" tal y como expone la "Guía para el éxito escolar del alumno con dislexia" de la Consejería de Educación, Juventud y Deporte. Región de Murcia.

Todo empieza con una alumna en riesgo de fracaso escolar, por la que se inicia un mecanismo de intervención que comienza con la tutora, el equipo docente y el de orientación, donde la orientadora del centro establece un procedimiento de evaluación para adoptar las medidas de apoyo más adecuadas.

Parece algo obvio, pero no todos los centros disponen de un buen funcionamiento de estas dificultades, bien por falta de medios o por el elevado número de casos de estudiantes que necesitan atención y se carecen de recursos. Por lo que contar con la eficacia y buen hacer de todos los implicados facilita mucho la labor para implementar las medidas básicas tales como:

◇ Sentarla cerca de la pizarra, alejada de la ventana para minimizar las posibles distracciones que pudieran surgir del exterior.

◇ Reducirle los enunciados de las preguntas a una o dos palabras.

◇ Contar con una enseñanza funcional entendiendo por qué y para qué aprender algo.

◇ Favorecer la manipulación de manera que se implique en el propio aprendizaje.

◇ Ofrecerle apoyo visual de las palabras escritas.

◇ Ofrecerle tiempo extra para la realización de las actividades de clase.

◇ Comprobar que el material de lectura que se le ofrece es adecuado puesto que o no leen bien o no reconocen todas las letras.

◇ Tener una comunicación fluida con las familias mediante la aplicación Ipasen o la agenda de clase.

◇ Pegarle en su mesa un abecedario colorido, simple y claro para ayudarle a identificar las letras.

◇ Adecuar la cantidad y el grado de dificultad de los deberes.

CAPÍTULO V

ANTE UNA DIFICULTAD, UNA SUPERACIÓN

Por fin tenía claro: " La dislexia es una dificultad de aprendizaje que se manifiesta en dificultades de acceso léxico y puede estar causada por una combinación de déficit en el procesamiento fonológico, auditivo y/o visual." Guía general de la dislexia (ASANDIS).

Sin embargo, quedaban muchas dudas por resolver. Sebastián, logopeda, me ayudó a comprender que cada alumno/a es único y que cada cual tiene aspectos y necesidades a atender diferentes, en cuanto a dificultades nos referimos.

En el caso de la dislexia se hablan de distintos tipos según sea su déficit:

◇ Auditivo-fonológico

◇ Viso-espacial o

◇ Psicomotor

Así vemos que:

◇ **Al leer:** La pequeña presentaba errores como cambiar las letras, inventárselas, omitir sílabas o letras, saltar renglones, no acabar los finales, así como tener una lectura lineal y con un volumen muy bajo sin entonación ni ritmo.

◇ **A nivel visual:** Fue fundamental contar con la ayuda de un profesional para que diagnosticase su problemática. En este caso contaba con párpados pesados que le dificultaban mirar a su libreta y a la pizarra de manera fluida. Además, tenía un ligero estrabismo y falta de visión en ambos ojos, necesitando gafas y ejercicios musculares diarios un par de veces al día.

◇ **En la escritura y ortografía:** Cuando copiaba realizaba inversiones, omisiones, sustituciones o adiciones en letras o palabras. En los dictados la escritura era prácticamente ilegible siendo su letra excesivamente grande y apretaba tanto el lápiz que era habitual oírla quejarse porque le dolían los dedos.

◇ **Coordinación motora:** Puede parecer un aspecto irrelevante, puesto que cualquier madre o padre puede considerar que es secundario, por no parecer que esté ligado a la lectura y escritura. No obstante, esta es la base del desarrollo de una adecuada caligrafía. Además, me sorprendió muchísimo ver que tenía grandes dificultades con la coordinación fina (movimientos precisos y de corto recorrido como pueden ser usar unas pinzas o escribir con un lápiz) y especialmente gruesa (movimientos amplios que abarcan grandes músculos como andar sobre una línea o levantar los brazos). Además, era usual verla chocar con todo cuando andaba por la clase por lo que demostraba su falta de sentido visoespacial.

Todos estos aspectos hacían que cualquier actividad relacionada con el aprendizaje le resultase tediosa e incluso odiosa. Sin embargo, tras una buena metodología en el aula, la actitud de la pequeña se fue transformando en ganas de trabajar y participar. Se sentía como una más y eso le hacía esforzarse continuamente. Y era habitual entre el equipo docente calificarla de "feliz" pese a su gran esfuerzo a la hora de lograr cualquier trabajo relacionado con la escritura y la lectura.

CAPÍTULO VI

BÚSQUEDA

Tal y como hemos mencionado la pequeña sufrió una época de desánimo hacia el aprendizaje, ya que sentía que su esfuerzo no se veía recompensado y así lo demostraban sus resultados académicos o los comentarios de comparaciones de calificaciones entre los propios compañeros/as de clase. Es habitual que tiendan a culparse a sí mismos de sus propias dificultades como hacía la pequeña llamándose "torpe". Todo esto hace mermar la autoestima de cualquier persona y en este caso provocando llantos y llamadas de atención.

En general podemos decir que presentaba:

◇ Distracción.

◇ Baja autoestima.

◇ Cambios de humor.

◇ Alto grado de frustración.

Es por ello qué, como docente, pensé que el colegio debería ser un lugar donde aprender sea divertido, motivador, muy visual y participativo. Por lo que había que dar un paso más en la búsqueda por ayudar a la pequeña. Sabía cuál sería el siguiente peldaño en subir: una metodología más atractiva.

Momentos felices

① Alumnos y alumnas disfrutando de una actividad en el patio del colegio.

CAPÍTULO VII

TODO ESTABA COMO DEBÍA ESTAR

"La primera referencia que se tiene del término dislexia se produjo en 1872 por el profesor, y doctor en Medicina, Rudolf Berlín de Stuttgart, Alemania, que lo usó para describir el caso de un adulto con dislexia adquirida, es decir, pérdida de la capacidad de leer causada por una lesión cerebral.

No obstante, existe otra forma de dislexia que no es originada por un repentino trauma cerebral, sino que se desarrolla durante el crecimiento del niño".- La evolución del estudio de la dislexia. Javier Gayan. Anuario de psicología, 2001.

Por tanto, hablamos que la dislexia es una dificultad que puede ser:

Adquirida por una lesión cerebral o evolutiva donde no hay razón alguna para que se desarrolle.

Afortunadamente en el caso de la pequeña "todo estaba donde debía estar". No había nada alarmante ni grave. Nos situábamos en la dislexia evolutiva donde tan sólo debíamos poner las medidas adecuadas que la llevasen a superar los obstáculos que tenía, para así leer y escribir correctamente.

Una vez situado en la segunda premisa podemos diferenciar tres tipos:

◇ **Indirecta:** Presenta una dificultad a nivel fonológico. Por ejemplo, la palabra Pepe la puede leer como Bepe, Deqe, Dede, etc.

◇ **Superficial:** Se desarrolla a nivel visual. Cuenta con una velocidad lectora lenta en palabras largas cometiendo fallos de omisión, adición o sustitución de letras.

◇ **Profunda:** Se produce con la combinación de ambos tipos, lo que provoca que se cometa errores semánticos; es decir en las áreas del significado de las palabras y expresiones.

Era evidente que debía tratar la dislexia profunda puesto que ésta me garantizaría abarcar cualquiera que fuese su tipo. Además, considerando que se trataba de aspectos fonológicos y visuales, me quedaba claro que también beneficiaría al resto de la clase, ya que en un aula se dan diversos estilos de aprendizaje.

Atendiendo a Warner, J: "Un estilo de aprendizaje consiste en una serie de características personales con las que naces y que se desarrollan conforme vas creciendo".

Si observamos los estilos de aprendizaje de manera sensorial podemos encontrar tres sistemas:

◇ **Visual:** El niño/a aprende mejor por lo que percibe a través de los ojos. Gracias a las imágenes es capaz de relacionar ideas y conceptos entre sí de manera más fácil.

◇ **Auditivo:** El alumno/a usa el método de la escucha para interiorizar la enseñanza. Trabaja igual de rápido que los compañeros/as de aprendizaje visual. Le encanta las canciones, escuchar cuentos e historias, películas, etc.

◇ **Kinestésico:** El niño/a aprende mejor manipulando y formando parte del proceso. Hace uso del tacto, del movimiento y las sensaciones. Le gusta trabajar en grupo.

Resumiendo; necesitaba una metodología activa, participativa donde los alumnos/as fueran parte del desarrollo y contarán con recursos auditivos y visuales. Era momento de hacer cambios en mi aula y tenía claro por donde iba a comenzar.

CAPÍTULO VIII

CON LOS CINCO SENTIDOS EN EL AULA

Los tutores/as somos conscientes de nuestro papel y sabemos que una sonrisa o un grito puede marcar en positivo o en negativo a un estudiante de por vida. (Os comentaré que hace unos tres años caminando por la calle, me saludó un antiguo alumno, ya convertido en hombre y psicólogo. Me sorprendió no solo que se acordara de mí, sino que recordara mi manera de enseñar. Habían pasado más de 12 años y sin embargo, yo formaba parte de su vida escolar. Me emocionó y alegró por igual).

Tenemos arcilla en nuestras manos y debemos hacer muy bien nuestro trabajo porque lo que pueda parecer insignificante para nosotros puede marcar a un alumno/a y quedar en su memoria para siempre.

La metodología que empleamos es clave para lograr un buen clima en el aula y sea o no el estudiante disléxico, todos y cada uno de mis alumnos/as necesitan venir al colegio felices y regresar a casa igualmente felices. Pasar cinco horas en la escuela y tener a un alumno/a sentado y callado haciendo actividades escritas no creo que sea la manera más idónea para aprender.

Como especialista en lengua inglesa la mayoría de las actividades las realizo en grupos, con imágenes, juegos, canciones, historias, etc. No obstante, todo eso, era hora de llevarlo a mi faceta de tutora y basar la mayoría de los aprendizajes en trabajo de grupos cooperativos.

Enseñar con agrupamientos implica realizar una función de manera conjunta para lograr un fin.

Vivimos en sociedad y rara vez encontramos un trabajo en el que uno no dependa, o esté en contacto con otras personas. Es por ello por lo que realizando este tipo de metodología llevamos la realidad social dentro del aula.

"Uno de los precursores de este modelo educativo fue John Dewey (1859-1952), un pedagogo estadounidense que promovió la importancia de usar la interacción social como método para construir conocimientos más sólidos".- Gutiérrez del Moral, M. (2009). El trabajo cooperativo, su diseño y su evaluación, dificultades y propuestas.

Mi primera misión era organizar la clase en grupos mixtos y heterogéneos para que mis alumnos/as contasen con un lugar donde pudiesen ayudarse unos a otros. Donde el de sobresaliente no se aburriese y al que le costase pudiese realizarlas correctamente. Que viesen en el grupo una unidad donde la ayuda y colaboración provocase que su equipo llegase a la meta que se le marcarse.

Sabía que esta metodología era adecuada para cualquier niño/a y un acierto introducirla en mi aula, ya que podría seguir atendiendo sus necesidades individuales pero de una manera más atractiva con esta forma de trabajar:

◇ El maestro/a es quien da las pautas para la realización del trabajo, pero son ellos mismos quienes se organizan atendiendo a los roles que se les ha designado a los distintos estudiantes.

◇ Cada alumno/a tiene una responsabilidad para que el grupo funcione.

◇ La motivación es alta puesto que dependen unos de otros para la consecución de objetivos.

◇ Se genera una actitud positiva de grupo donde todos se sienten parte esencial del mismo.

◇ Se favorece las relaciones sociales donde se comunican, se desarrolla la empatía, la unión y la interacción social.

◇ Se sienten más relajados, mejorando el clima en el grupo-clase.

◇ Desarrollan valores como el respeto, la comprensión, la escucha, la paciencia o la generosidad..., entre otros.

◇ Al ponerse de acuerdo tienden a llevarse mejor entre ellos y a romper etiquetas.

◇ Ayuda al diálogo y a aceptar distintas opiniones para llegar a un fin común.

Como ejemplo de trabajo cooperativo podíamos proponer realizar una pirámide alimenticia con revistas. Aquí tienen que localizar los distintos alimentos, recortarlos, pegarlos, escribir sus nombres y luego exponer el trabajo.

Cada uno de ellos tendrá una responsabilidad por lo que cuando uno encuentra la imagen se la dará a quien recorta para luego pasarla a quien la pega. Tras este, otro escribirá la palabra del alimento en su lugar adecuado.

Una vez terminado, cada uno tendrá que ser capaz de presentar alguna información del proyecto; desde una simple palabra a una información más extensa, de manera que todos, al final, serán una pieza clave para terminar la actividad.

Quedaba asegurada que mi alumna encontraría una mejora de la autoestima al estar en grupo. Del mismo modo continuaría, al igual que, con el resto de mis alumnos/as:

◇ Asegurándome que entendiesen las tareas.

◇ Repitiendo la información las veces que fuesen necesarias, basándome en lo visual y auditivo como medio esencial para mis explicaciones.

◇ Dándoles un tiempo adecuado para acabar sus tareas.

◇ Proporcionándoles las herramientas necesarias para realizar las actividades como más tiempo a la hora de escribir.

◇ Premiándoles el trabajo por grupos y de manera individual con puntos, pegatinas o juegos adicionales.

◇ Basar las explicaciones en trucos, reglas nemotécnicas, imágenes, rimas inventadas y cuentos fueron la clave para la pequeña. Su ilusión por escuchar las historias y leerlas hizo que lograra estar en poco tiempo al nivel académico del curso en el que se encontraba.

Actividades motivadoras

① Actividad mini-mundos.　② Estudio de los cloroplastos.　③ Clasificación de animales.

CAPÍTULO IX

ESPEJITO, ESPEJITO MÁGICO... ¿CUÁL ES LA MEJOR HERRAMIENTA PARA ENSEÑAR A LEER Y ESCRIBIR?

egún el programa para el desarrollo de La Competencia en Comunicación Lingüística: "La lectura, la escritura y la oralidad, en el contexto de las pruebas internacionales como PISA, son entendidas como la capacidad de una persona para comprender, emplear, reflexionar e interesarse en los textos escritos y orales, con el fin de lograr sus metas personales, desarrollar conocimientos, su potencial personal y, en consecuencia, participar en la sociedad". Así como el Plan Lector, desarrollado por la Junta de Andalucía afirma que: "Se ha de trabajar la lectura en voz alta de los textos, con el fin de propiciar la evolución del alumnado en torno a tres parámetros básicos que conforman la fluidez lectora: velocidad (adecuada al ritmo de la conversación normal), precisión y expresividad".

De manera paralela, atendiendo que contábamos con una dislexia evolutiva, debía ver qué tipo de aprendizaje era el más adecuado:

◇ Fonológico auditivo: Que se basa en la construcción de la frase a partir de la palabra, de las sílabas y por último de los fonemas.

◇ Visual global: De un solo golpe visual se llega al conocimiento de la palabra.

◇ Dislexia profunda: Cuando las dificultades se presentan en las dos estrategias anteriores, se habla de dislexia profunda o combinada.

Ambos aspectos me llevaron a un punto de partida, a elementos que pudieran escuchar (método fonológico) y ver (método visual), que además fueran motivadores, atractivos, y que, les agradaran ver una y otra vez enseñándoles a crecer como persona. Estos eran los cuentos.

Ratitos de lectura

① Alumnos y alumnas leyendo en la biblioteca del colegio.

CAPÍTULO X

LEER ES SOÑAR DESPIERTO

Leer es encontrar una lámpara mágica que al frotar te concede vivir maravillosas aventuras a cuál más fascinantes, desde visitar lugares exóticos a sentir el más profundo terror por la aparición de un monstruo horripilante. Del mismo modo, escuchar cómo alguien lee un libro es una de las experiencias más gratificantes con las que contamos los seres humanos.

En este caso, sabía que no sólo la pequeña, sino que todos los compañeros/as de la clase se sentirían atraídos por relatos cortos, donde con los personajes aprenderían, a la vez que les harían vivir nuevas experiencias. Así, la lectura era la mejor opción ya que les permitiría pasárselo bien, al mismo tiempo, enriqueciendo sus conocimientos y soñando.

de recursos necesarios para su desarrollo como personas: la vida cotidiana debe estar condicionada por la capacidad lectora que contribuya al perfeccionamiento de los seres humanos".

Asimismo: "Leer es un proceso interactivo entre el lector y el texto, proceso mediante el cual el primero intenta satisfacer (obtener una información pertinente para) los objetivos que guían su lectura". Isabel Solé, 1987.

Queda, por tanto claro, que la lectura es un fin primordial para el niño/a que está en la escuela. Gracias a ese aprendizaje podrá forjar el resto de los conocimientos ya sea para resolver un problema matemático, estudiar conocimiento del medio o analizar sintácticamente una oración.

10.1 BASE CIENTÍFICA

Según la LEY 10/2007, de 22 de junio, de la lectura, del libro y de las bibliotecas: "La lectura enriquece y desarrolla la necesaria capacidad crítica de las personas; de ahí que tras el acto de la lectura, además de los valores cívicos que encierra, habite una adquisición de habilidades que dota a los individuos

10.2 AUDIOLIBROS.

Son muchos los adultos que encuentran en los audiolibros un acercamiento a la ensoñación, son numerosas las ventajas como favorecer la atención, ampliar el vocabulario, acercarle las lectura a quien no pueda leer un libro digital o en papel, etc. En definitiva, son un acierto para un público adulto que demanda vivir aventuras a través de sus palabras pero sin tener que sentarse y sostener un libro o una tableta. Llegados a este punto entendemos que los cuentos son una manera maravillosa de acercar la lectura al niño/a que empieza a leer.

10.3 LECTURA EN LA ESCUELA.

"Se puede tener gusto por la lectura o no, pero leer no es una cuestión de gusto o afición, sino una necesidad verdadera y solo necesitamos percatarnos de ella". Así expresaba José Jiménez Lozano, ganador del Premio Cervantes 2002, la urgencia de la lectura".-Plan de Fomento de la Lectura 2021–2024; Ministerio de Cultura.

"Es importante ubicar al niño antes de leer el texto, al permitirle una visión clara de los objetivos que se quieren lograr a través de la lectura. El momento de antes de la lectura es significativo y primordial para el educando ya que pone de relieve por qué leerá y para qué le servirá la información que encontrará en el texto." Solé, I. (1992). Estrategias de Lectura. Barcelona, España: Editorial Graó.

Somos consciente, como docentes, de la importancia de la lectura y escritura por lo que facilitar los procesos lectores y llegar al objetivo de la comprensión será nuestro principal objetivo.

Partimos de unas acciones para facilitar estos procesos lectoescritores:

1.-Fomento de las destrezas motrices básicas.

2.-Conciencia fonológica.

3.-Atracción hacia textos escritos.

4.-Correcta educación emocional.

5.-Habla.

6-Escritura.

1.-FOMENTO DE LAS DESTREZAS MOTRICES BÁSICAS.

Esto implica la adquisición y dominio del gateo, el arrastre y la marcha, así como contar con una buena evolución visual, auditiva y de los movimientos de carácter psicomotriz fino.

2.-CONCIENCIA FONOLÓGICA.

"Es la capacidad de reflexión sobre el lenguaje hablado, tomando conciencia de las unidades fonológicas del lenguaje". Sinclair, Jarvella y Levelt, 1978.

Algunas actividades que se pueden realizar para fomentar la conciencia fonológica van desde el conteo de sílabas de cada palabra, hasta el análisis de cada uno de los fonemas que la contienen, partiendo del interés de nuestros alumnos/as.

Si el niño/a se conecta con la realidad que le rodea y despierta su curiosidad por descifrar ese código que aún desconoce, se sentirá motivado a querer leer más.

3.-ATRACCIÓN HACIA LOS TEXTOS ESCRITOS

A nivel general, los alumnos/as muestran gran interés hacia el texto escrito. Es requisito motivador que se presenten de forma atractiva y lúdica. Debe ir acompañado de apoyo visual para que entiendan mejor su significado y les resulte fácil descifrar los códigos escritos que se les presentan.

Debemos, por otra parte, intentar ofrecer al alumnado cuentos que les enriquezcan y que les permitan un aprendizaje global, donde no sólo aprendan a leer y a escribir.

4.-CORRECTA EDUCACIÓN EMOCIONAL.

Daniel Goleman, en 1998 define la educación emocional como: "La capacidad para reconocer nuestros propios sentimientos y los de los demás, para motivarse y gestionar la emocionalidad en nosotros mismos y en las relaciones interpersonales".

Además, Jesús Guillén: "La emoción es el motor del aprendizaje". "No hay aprendizaje sin emoción", asimismo indica que: "Las emociones son imprescindibles para aprender. Lo emocional y lo cognitivo forman un binomio prácticamente indisoluble".

Así pues, es esencial que los niños/as se sientan seguros en su proceso de aprendizaje. Un lenguaje adecuado, donde el alumnado se sienta cómodo y animado, le ayudará a relajarse. De igual manera, las actividades atractivas y motivadoras favorecerán su ganas de participar y querer aprender más. Por otra parte, atendiendo al Ministerio de Educación, Formación y Deporte: "La educación emocional es un proceso que debe empezar a fomentarse desde la primera infancia. Sin lugar a duda, en la familia el individuo por primera vez, comenzará a desarrollar las habilidades emocionales que utilizará durante el resto de su vida. Sin embargo, la escuela debe asumir la responsabilidad de educar emocionalmente no solo para el desarrollo integral de cada individuo, sino también para acompañarlo en el proceso de incorporación a la sociedad en la que vive. Las emociones acompañan día a día a cada individuo y muchas decisiones, actuaciones y conflictos son provocados por ellas. Por eso, es necesario enseñar desde la primera etapa de la vida a gestionar las emociones, el autocontrol, la autoestima, etc., de manera que cada individuo aprenda a conocer sus propias emociones y a trabajar la empatía para entender las interacciones que se producen en el mundo que le rodea". Lo que nos lleva a entender que los docentes tenemos un papel clave en el desarrollo de nuestros niños/as.

5.-HABLA.

"La oralidad se desarrolla en los primeros años de vida del individuo, periodo en el que es fundamental que se reciban los estímulos adecuados para garantizar una óptima adquisición lingüística. En este mismo contexto debemos evidenciar que la lengua oral es la primera que aprendemos, por lo que estará presente en la mayoría de los aprendizajes que realicemos en la infancia"- Mar Quirell, 2020-21. Competencias Lingüísticas.

En consonancia con lo expuesto, es fundamental que el alumnado adquiera y desarrolle las destrezas orales de la lengua, antes de comenzar el aprendizaje de la lectura y por tanto, su comprensión.

6.- LA ESCRITURA.

Según la RAE: "Escribir es representar las palabras o las ideas con letras u otros signos trazados en papel u otra superficie".

Cuando el niño/a lee tiene que aprender a decodificar signos para luego interpretarlos y darles sentido significativo. Sin embargo, al leer, el alumno/a debe tener interiorizado esos signos para poder representarlos en un papel, primero como trazos y mucho más tarde como palabras.

Para que se produzca tal fin es necesario que adquiera cada una de las vocales y consonantes que contiene nuestro alfabeto. No obstante, todos somos consciente de las numerosas tipografías que existen y hoy en día, aún más, gracias a los avances tecnológicos.

Asimismo, en la mayoría de los centros escolares se ha optado por enseñar la letra cursiva, pero, el alumnado con dificultades no encuentra en esta caligrafía la manera más idónea para adquirir la escritura. Según estudios realizados en países como Estados Unidos o Finlandia, no está demostrado que este tipo de letra sea la más adecuada puesto que es confusa a la hora de escribir y leer, así como los libros de texto, que suele ser el que utiliza el niño/a para estudiar y que no cuentan con este tipo de letra, sino con la llamada imprenta. Los colegios deben facilitar el aprendizaje de la lengua escrita a la totalidad del alumnado, ofreciéndole herramientas diversas para tal fin. Es por ello por lo que los cuentos que aquí se presentan mostrarán una lectura en cursiva tal y como se suele presentar en los centros escolares, pero ofrecemos trucos para aprender a escribir de ambas maneras: con la letra ligada y con la letra usada en los libros de textos.

10.4 COMPRENSIÓN LECTORA.

Según Daniel Cassany "expresa que la comprensión lectora es una práctica social que cambia según el entorno en el que nos encontremos. Atiende a las bases lingüísticas, psicoevolutivas y socioculturales".

Sostiene que: "La lectura es uno de los aprendizajes más importantes… La alfabetización es la puerta de entrada a la cultura escrita y a todo lo que ella comporta: una cierta e importante socialización, conocimientos e información de todo tipo. Además, implica en el sujeto capacidades cognitivas superiores. Quien aprende a leer eficientemente desarrolla, en parte su conocimiento. En definitiva, la lectura se convierte en un aprendizaje transcendental para la escolarización y para el crecimiento intelectual de la persona".- Daniel Cassany, 2002. Habilidades de lector experto y principiante.

Cassany nos explica que la lectura y la comprensión lectora son aspectos generales que conllevan otros elementos más concretos. Estos los reconoce como microhabilidades donde podemos encontrar: la percepción, la memoria, la anticipación, la lectura rápida y atenta, la inferencia, las ideas principales, la estructura y forma, la lectura entre líneas y la autoevaluación. Lo que permitirá que nuestros niños/as tengan una buena comprensión lectora.

◇ **Percepción:** Trata de enseñar al niño/a que consiga una mejora del campo visual y se reduzca el número de fijaciones mejorando la discriminación visual.

◇ **Memoria:** Podemos encontrarla a largo y corto plazo. Siendo esta última la más interesante por ser capaz de extraer la información esencial de un texto.

◇ **Anticipación:** Es capaz de anticipar el contenido de la lectura por lo que le resultará más fácil descifrar lo que lee.

◇ **Lectura rápida y lectura atenta:** Realiza un vistazo general de la lectura, al mismo tiempo que es capaz de leer de un punto a otro del texto.

◇ **Inferencia:** Encuentra información apoyándose en el contexto y lo deduce.

◇ **Ideas principales:** Consiste en obtener la idea más importante del texto.

◇ **Estructura y forma:** Obtiene información de la lectura gracias a su sintaxis y su léxico.

◇ **Leer entre líneas:** Es una microhabilidad esencial; ayuda a nuestros estudiantes a comprender información que va más allá del texto explicito.

◇ **Autoevaluación:** Identifica si sus hipótesis acerca de la lectura eran correctas.

De esta manera, lograremos lectores expertos capaces de leer cualquier tipo de texto, atendiendo a los diversos medios que nos ofrece la sociedad.

Por todo esto, el enunciado debe ayudar a que nuestro alumnado encuentre una lectura atractiva y repetitiva que favorezca su memoria, con imágenes que se anticipen a la palabra escrita. Esto favorecerá una interpretación rápida y atenta, promoviendo una decodificación fácil mediante el dibujo, que le lleve a entender la idea principal con sólo echar un vistazo. Le enseñará a asimilar la moraleja y a comprender entre líneas que el texto conlleva un aprendizaje. Finalmente, se sentirá feliz al descubrir que ha entendido el texto de una manera sencilla, lúdica y relajada.

Collage

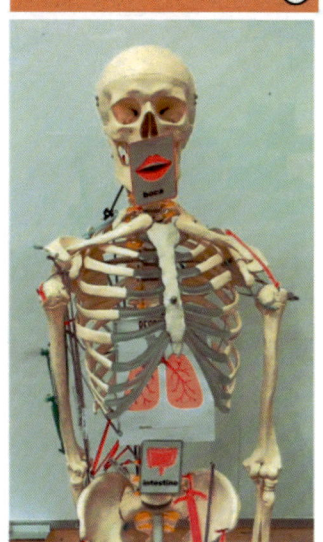

· Me gustan los gatos

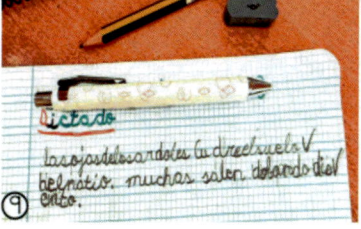

① Tarjetas grupos cooperativos.
④ Trabajo manipulativo.
⑦ Escritura guiada con un alfabeto.

② Alumnos y alumnas felices.
⑤ Trabajo grupal.
⑧ Rutina de lectura diaria.

③ Educación emocional.
⑥ Premios para los grupos.
⑨ Escritura de un alumno disléxico.

CAPÍTULO XI

DE CUENTO A CUENTO Y SIGO PORQUE ME LO APRENDO

Citando a Julio Cortázar diremos que: "Sólo con imágenes se puede trasmitir esa alquimia secreta que explica la profunda resonancia que un gran cuento tiene entre nosotros y que explica también por qué hay muchos cuentos verdaderamente grandes".

Elegir un cuento como medio para llegar a favorecer el aprendizaje de la lectura es consecuencia de la necesidad de abarcar todos los aspectos señalados con anterioridad, respetando el estilo de aprendizaje, favoreciendo una comprensión lectora adecuada, donde se atienda a la totalidad del alumnado y por supuesto facilite una enseñanza relajada y estimulante al niño/a con dislexia para conseguir el fin deseado. Las imágenes, la brevedad, el ritmo, los temas significativos y la participación permiten que el cuento sea el centro de interés para favorecer la lectura.

En este libro se recogen seis historias breves que incluyen las letras iniciales en el aprendizaje de la lengua castellana y que además suelen dar a equívocos en niños/as disléxicos. A través de personajes como Benito o Daniela se aprenderá a diferenciar la b de la d, tan complicadas de decodificar para cualquier alumno/a pero más específicamente a los que presentan dislexia. Mediante trucos que encontrareis en cada relato podréis ayudar a los niños/as a entenderlos de manera adecuada y a recordarlos con facilidad, por asociarlos a una pista. Así Benito, es un bebé con una barriga regordeta, como la caligrafía de la letra b. Por otra parte, Daniela lleva una pluma en la cabeza como la letra d.

En los cuentos encontrarás:

1-Una historia donde en cada página aparece una palabra con la letra que se quiere aprender.

2-Una moraleja para enseñar a nuestros lectores valores tan importantes como la solidaridad, el amor, la equidad, la autoestima, la creatividad, la igualdad y la familia.

3-La caligrafía de la letra cursiva en mayúscula y minúscula con trucos sencillos y cercanos al alumnado para que pueda aprender y recordar fácilmente.

4-La caligrafía de la letra imprenta en minúscula que les resulta más fáciles a los alumnos/as disléxicos o de refuerzo en el aprendizaje, ya que es más sencilla de interiorizar.

5-El sonido de la letra, donde aparece la palabra escrita y la que se está trabajando con las cinco vocales de manera aue pueda reconocerlas con mayor facilidad.

En estos cuentos encontrareis el medio más atractivo para ayudar a los niños/as a enseñarles a leer de la mejor manera posible.

Finalmente, antes de comenzar con los cuentos, quisiera terminar diciendo que la pequeña que me hizo crecer como docente, es capaz de leer y escribir como cualquier compañero/a de su clase, que superamos las dificultades juntas y que ya vuela sola leyendo libros y escribiendo textos adecuados a su edad. Por lo que estoy agradecida de haber tenido el privilegio de contribuir a conseguirlo.

Una enseñanza de vida que nos dice que debemos estar ahí para nuestros niños/as, escucharlos y atenderlos porque cada uno de ellos nos necesita como si fuésemos un faro en el camino. Tan sólo debemos iluminarlos con ilusión, cariño y vocación.

Educar con corazón y vocación

Cuentos

Vocales

Sonidos a-e-i-o-u

Educación en valores: Solidaridad

1

María del Carmen Quirell - Rosalía Órpez

Os presento a
Ana

Ama los
animales.

Su animal favorito es la

abeja

porque

ayudan

a nuestro ecosistema.

Su hermana mayor es

Elisa.

Tiene de mascota un

erizo.

Lo encontró en el campo,

enfermo.

Cuando se recupere lo dejará en su

espacio

natural.

Tienen dos hermanos mellizos;

Olivia

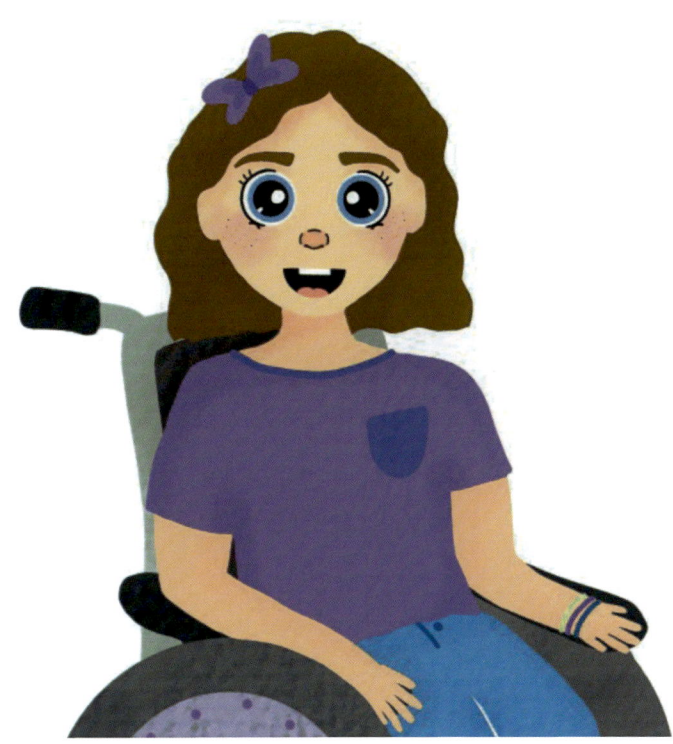

y

Ulises.

Tienen

once

años.

Sus juguetes favoritos son: un

OSO

y una

oveja

de peluche.

A Ulises le encantan los

unicornios,

el universo

y comer

uvas.

Van a conocer a su nuevo hermano. Se llama

Ilias.

Viene de la

India.

Todos se sienten

impacientes

y tienen una

idea.

Le harán una fiesta.

Y así comienza una nueva historia para estos cinco hermanos que forman una maravillosa nueva familia.

Moraleja: La solidaridad y amor.

Los hermanos cuentan con la fuerza más poderosa
que les hace querer estar juntos;
el amor.

Esta guía te ayudará a identificar qué es
el amor y la solidaridad:
-Hablamos con respeto.
-Nos comportamos correctamente.
-Ayudamos a los demás.
-Somos generosos.

Recuerda: ¡El amor se demuestra con
palabras, gestos y acciones!

✏️ Caligrafía A

Para hacer la letra A mayúscula dibuja una montaña y a la mitad una línea como si fuese un puente.

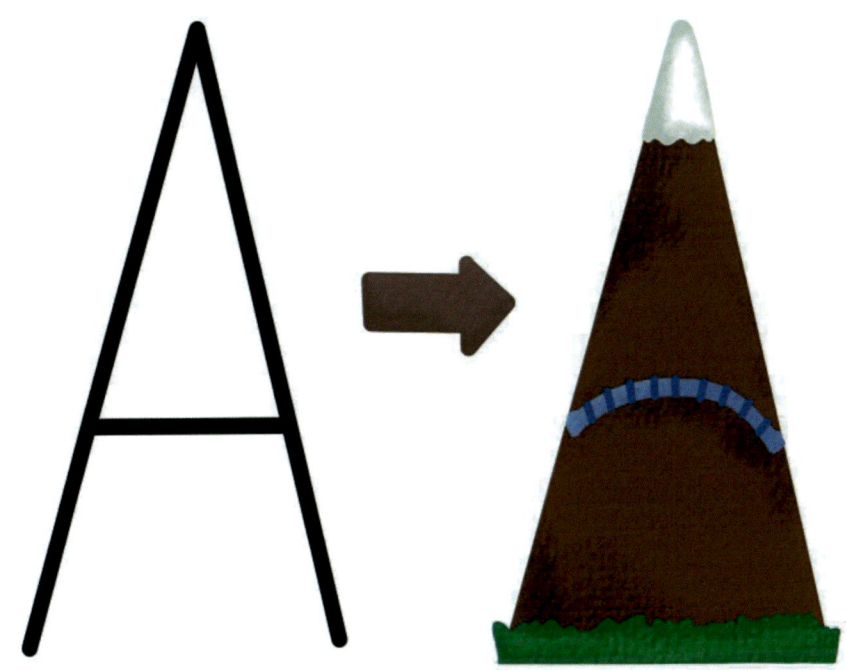

✏️ Caligrafía a

Para hacer la letra a minúscula dibuja un círculo
con una cola de animal.

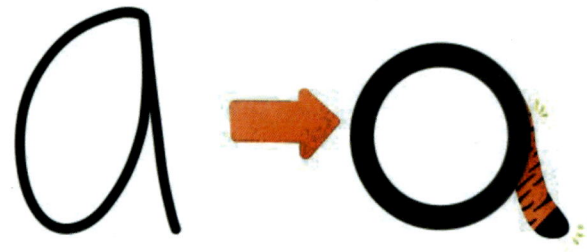

✏️ Caligrafía **a**

Para hacer la letra **a** minúscula dibuja una candado abierto.

✏️ Caligrafía E

Para hacer la letra E mayúscula dibuja un peine
que esté de pie con sólo tres púas.

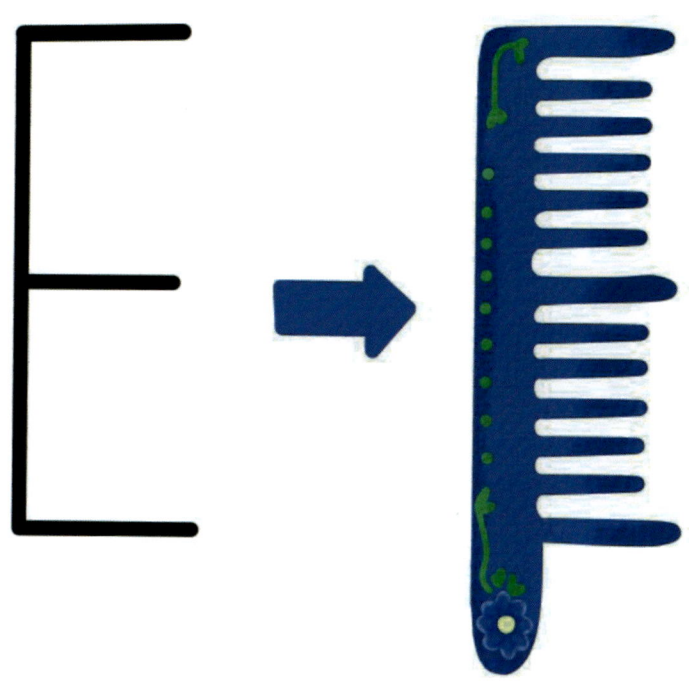

✏️ Caligrafía e

Para hacer la letra e minúscula, toma impulso y dibuja el vuelo de una mariposa.

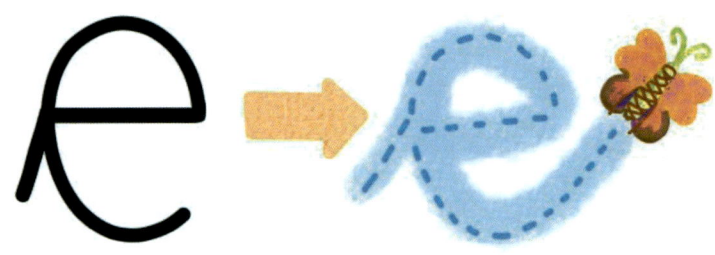

✏️ Caligrafía **e**

Para hacer la letra e minúscula dibuja el vuelo de una mariposa.

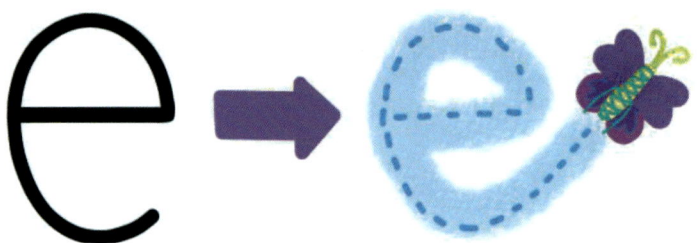

✏️ Caligrafía I

Para hacer la letra I mayúscula dibuja un palo de pie. Luego, uno tumbado en la parte de arriba y otro más en la parte de abajo.

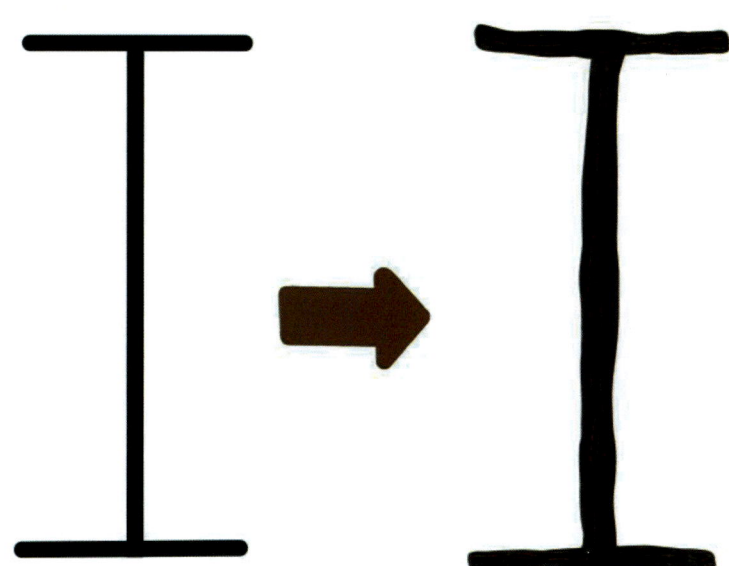

✏️ Caligrafía i

Para hacer la letra i minúscula dibuja un uno con una cola. Luego dibújale un punto encima.

✏️ Caligrafía i

Para hacer la letra i minúscula dibuja un palo pequeño de pie con un punto en la parte superior.

✏️ Caligrafía O

Para hacer la letra O mayúscula dibuja un círculo grande como si fuese una pelota de fútbol.

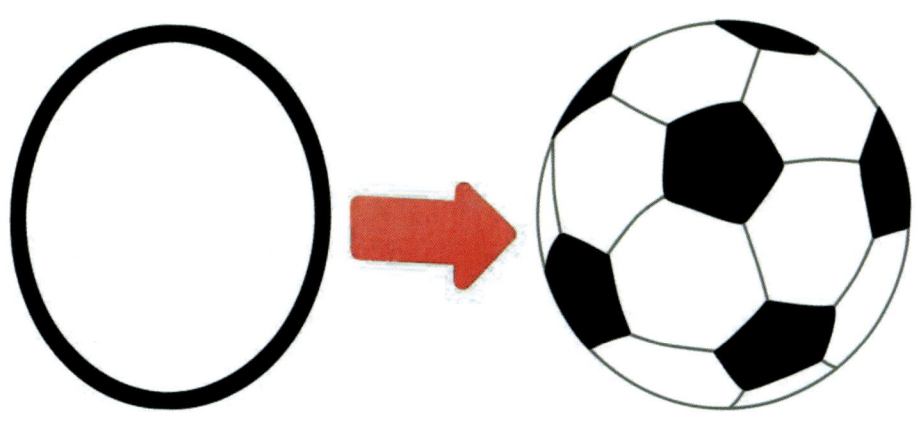

Caligrafía o

Para hacer la letra o minúscula dibuja un círculo pequeño, como si fuese una pelota de tenis y píntale un flequillo.

Caligrafía o

Para hacer la letra o minúscula dibuja un círculo pequeño, como si fuese una pelota de tenis.

✏️ Caligrafía U

Para hacer la letra U mayúscula dibuja una gran sonrisa.

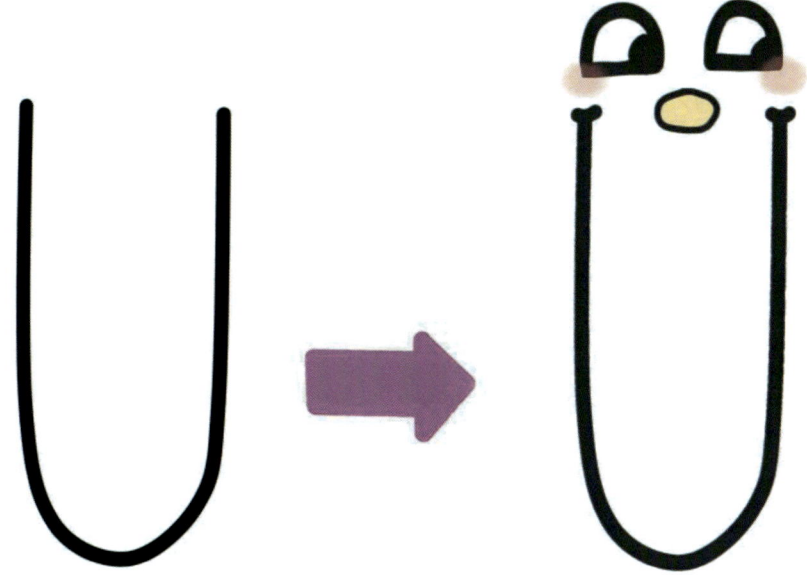

✏️ Caligrafía u

Para hacer la letra u minúscula dibuja dos olas.

✏️ Caligrafía u

Para hacer la letra **u** minúscula dibuja una pequeña sonrisa.

Sonido: A-E-I-O-U

Las reconocerás con las palabras:

Ana

Elisa

Ilias

Olivia

Ulises

Benito

Sonido B

Educación en valores: La familia.

María del Carmen Quirell - Rosalía Órpez

2

Os presento a un

bebé

llamado

Benito.

Le gusta
beber

en su

biberón,

tener un chupete en la

boca,

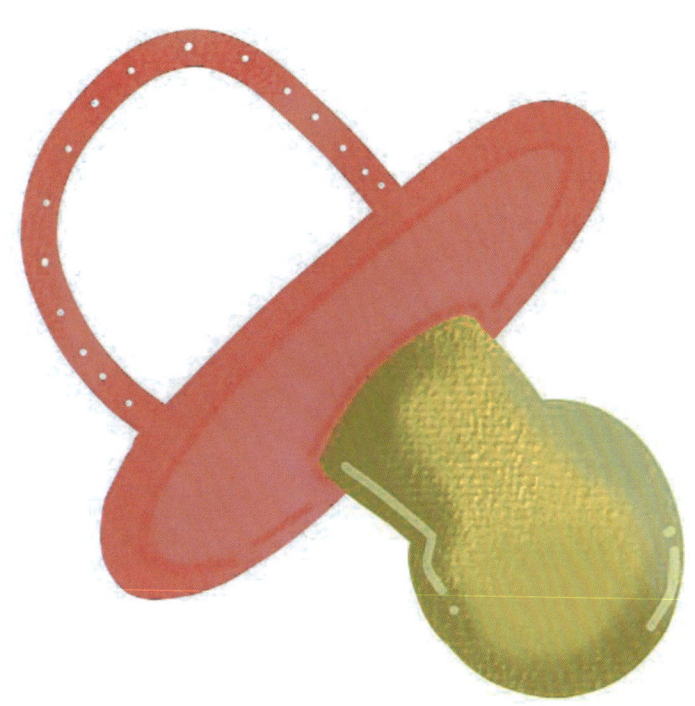

jugar con los
barcos

y dar patadas a su
balón.

A la hora del
baño

juega con las
burbujas

de su

bañera

y al terminar se viste con su

bata.

Cuando está contento

balbucea

y dice

ba, ba, ba.

Lo que más le gusta son los

besos

de su mamá

que es la más
bonita.

❤ Moraleja: La familia

Benito es un bebé que adora a su mamá.
La familia es el pilar sobre el que se sostiene la felicidad
de un bebé. Es quién le da confianza para sentirse seguro.

Ésta guía te ayudará a identificar qué es la familia:
-Son las personas que más te quieren en el mundo.
-Se preocupan cuando estás enfermo,
te llevan al médico y te cuidan.
-La familia está siempre que la necesitas escuchando tus
alegrías y preocupaciones.

Recuerda: ¡Cuando estés con tu
familia hazle caso y dile lo mucho
que la quieres!

✏️ Caligrafía B

Para escribir la letra B mayúscula dibuja
una línea y luego dos barrigas,
una encima de otra.

✏️ Caligrafía b

Para escribir la letra b minúscula imagina que lanzas una pelota que sube y baja con un giro. Al llegar al suelo rebota y hace otro giro.

✏️ Caligrafía b

Para escribir la letra b minúscula dibuja una línea y luego una barriga como la del bebé Benito.

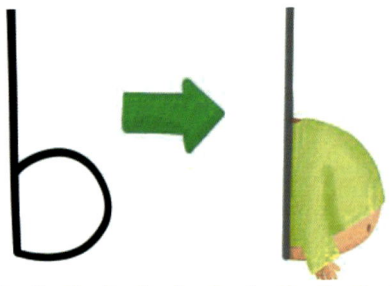

Sonido: B

Lo reconocerás con las palabras:

bañera

Benito

biberón

bonita

burbujas

Pepe

Sonido P

Educación en valores: La equidad.

3

María del Carmen Quirell - Rosalía Órpez

Os presento a

Pepe.

Cada mañana de verano baja a la calle a jugar con su

perro.

Juegan con una pelota, las

piedras

e incluso los

palos.

Pepe le lanza la pelota y su perro le trae un

pedrusco

o un trozo de madera del

paseo.

Pepe siente

pasión

por su perro.

Esta tarde está su amiga
Pili.

Le pregunta:

¿Puedo

jugar contigo?

Soy muy buena

portera.

Pepe le dice que es

pequeña

que es mejor que se

pierda.

De pronto, la pelota cae al lado de Pili y la

para.

Luego la lanza tan fuerte y lejos que llega a un

pino.

Pepe sonríe avergonzado y le pregunta si quiere jugar un

partido.

♥ Moraleja: La equidad

Pili quiere jugar a la pelota pero Pepe considera que por ser pequeña y niña no puede hacerlo bien.
Sin embargo, sus diferencias no son un impedimento para que ella sea muy buena jugadora.

La equidad consiste en dar a cada persona lo que se merece o ha logrado mediante el trabajo.

Esta guía te ayudará a identificar qué es la equidad:
-Los niños y niñas pueden jugar a lo que quieran.
-Existen muchos colores de piel y son únicos.
-Todos tenemos derecho a la libertad, la igualdad y la vida.

Recuerda: ¡Todos y todas tenemos derecho a elegir!

Caligrafía P

Para hacer la letra P mayúscula
dibuja un bastón.

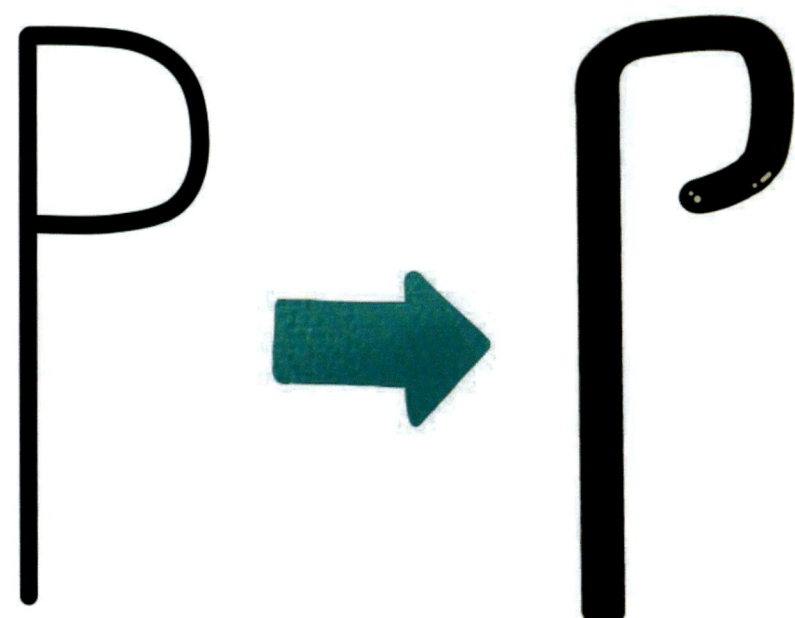

✏️ Caligrafía p

Para hacer la letra p minúscula dibuja el número
uno y medio círculo.

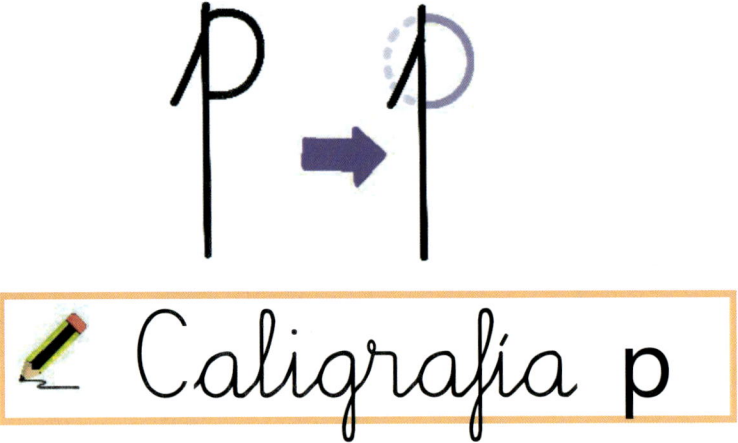

✏️ Caligrafía **p**

Para hacer la letra **p** minúscula dibuja un bastón como
en la letra mayúscula, pero más pequeño.

Lo reconocerás con las palabras:

palos

Pepe

Pili

portera

puedo

¿María?

Sonido M

Educación en valores: La autoestima.

4

María del Carmen Quirell - Rosalía Órpez

Os presento a dos hermanas que se llaman

María.

Una se llama

María del Carmen

y su hermana
María del Mar.

Cada

mañana

van al colegio con sus

mochilas

y se sientan en sus

mesas

para recibir lecciones

de Lengua, de Matemáticas

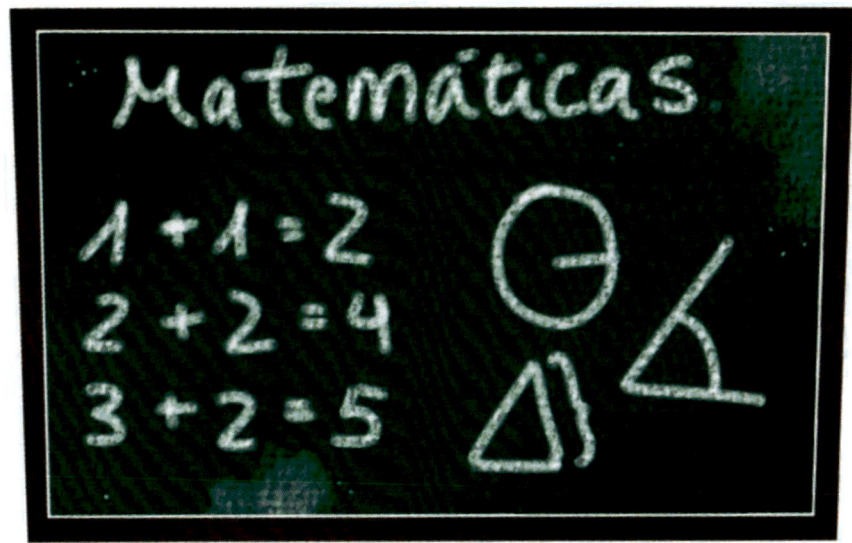

y de

Música.

En el recreo se comen su bocadillo con

mantequilla

y juegan con sus amigos

pero no las distinguen quienes las

miran

porque las dos son iguales y les dicen:

Mmmm, ¿María...?

Al principio les parecía gracioso, pero ahora quieren tomar

medidas.

Hablan con su mamá y le

mencionan

su problema.

Se pondrán lazos: una lo llevará azul y la otra

morado.

Nadie se confundirá

más

y eso les produce felicidad.

Moraleja: La autoestima

A María de Mar y a María del Carmen les gusta ser hermanas gemelas, pero no tener una identidad propia les hace sentir mal. Por eso es importante tener un buen concepto de uno mismo y una correcta aceptación personal.

La autoestima se puede trabajar. En ocasiones, con un simple gesto, como es colocar el lazo adecuado, es más que suficiente para hacernos sentir felices.

Esta guía te ayudará a desarrollar tu autoestima:
-Trátate con cariño y respeto.
-Rodéate de buenas personas.
-Reconoce tus virtudes.
-Pide ayuda si lo necesitas.
-Habla en positivo.

Recuerda: ¡Eres maravillosa!
¡Eres maravilloso!

✏️ Caligrafía M

Para escribir la letra M mayúscula la puedes pintar como dos montañas.

✏️ Caligrafía m

Para escribir la letra m minúscula imagina un uno con dos montañas con el pico redondito.

✏️ Caligrafía **m**

Para escribir la letra **m** minúscula imagina dos tobogánes que subes y bajas.

 Sonido: M

Lo reconocerás con las palabras:

María

mesas

miran

mochilas

Música

Daniela

Sonido D

en valores: La igualdad. Educación

María del Carmen Quirell - Rosalía Órpez

5

Os presento a
Daniela

Es una india de Dakota.

Siempre le duele el

dedo

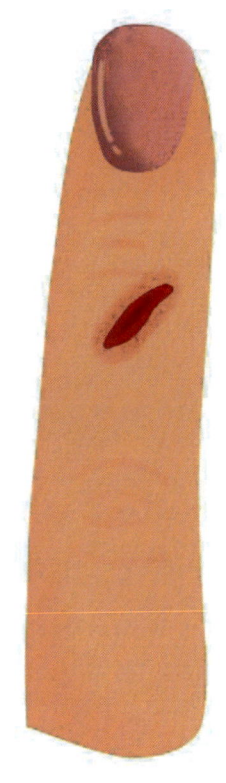

porque no cose con

dedal.

Además le gusta arreglar su

despertador

con un

destornillador.

Obtuvo un diploma

como ingeniera de

diseño

de máquinas para hacer

dulces.

Cada

día

usa su

delantal

para cocinar con su gata

Dolores

y así

desconectar.

Cuando llega la noche escucha música

disco

Cuando llega la noche escucha música

y a

dormir.

♥ Moraleja: La igualdad

Daniela ha estudiado mucho para ser ingeniera.
Nos enseña que todos y todas tenemos los mismos
derechos y oportunidades.
Así las mujeres y los hombres debemos buscar un trato
igualitario para lograr un mejor futuro.

Esta guía te ayudará a identificar qué es la igualdad:
-Comparte las tareas del hogar igual que mamá y papá.
-Habla con educación y respeto.
-Estudia lo que te guste para poder
realizar cualquier trabajo cuando seas mayor.
-Juega con los juguetes que desees;
no hay para niños o niñas.

Recuerda: ¡Todos y todas tenemos
los mismos derechos y obligaciones!

✏️ Caligrafía D

Para hacer la letra D mayúscula dibujas una línea
y le añades una sola barriga gordota como
si fueses a hacer un arco de flecha.

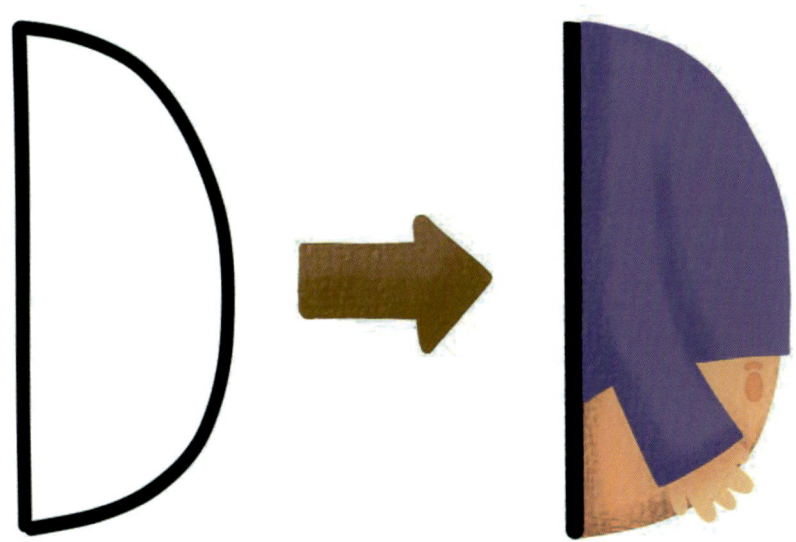

✏️ Caligrafía d

Para hacer la letra d minúscula dibuja un círculo
y le añades una pluma en la cabeza como la lleva
Daniela cuando se viste de india .

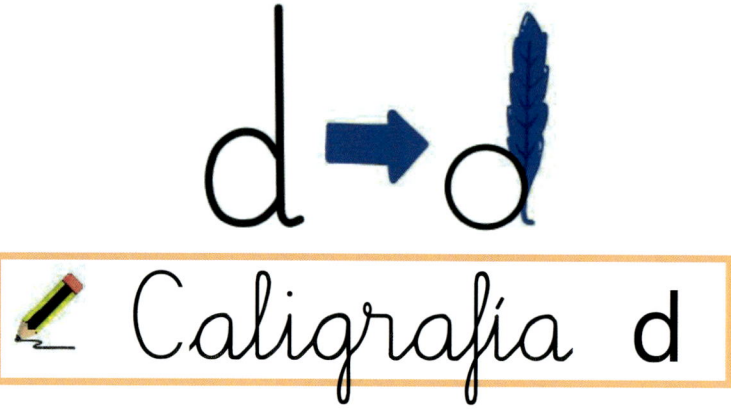

✏️ Caligrafía **d**

Para hacer la letra d minúscula dibuja un círculo
y le añades una pluma en la cabeza como la lleva
Daniela cuando se viste de india .

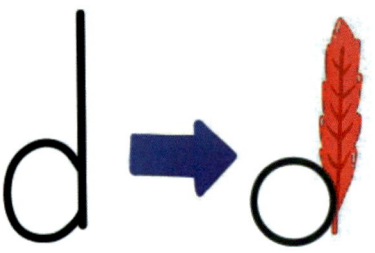

 Sonido: D

Lo reconocerás con las palabras:

Daniela

dedo

diseño

Dolores

dulce

Lola

Sonido L

La creatividad. Educación en valores:

6

María del Carmen Quirell - Rosalía Órpez

Érase una vez una niña llamada

Lola

que se pasaba las noches mirando la

luna

inventando historia para en la mañana anotarlas en una

lista.

Imaginaba que la luna jugaba con un

león,

una

lagartija,

y un
lemur.

También soñaba con
líneas

que pintaba con un

lápiz

mágico.

O creaba
laberintos

que las estrellas tenían que
iluminar.

Si en la noche había nubes, creaba formas como

lindas

mariposas que volaban

lejos

o pegasos que volaban lentos.

De esta manera iba cayendo dormida y soñando con maravillosos

lugares

que al crecer escribiría en preciosos libros.

Moraleja: La creatividad

A Lola le gusta imaginar y crear con sus pensamientos objetos reales e irreales. Interpreta la realidad que le rodea a su manera y crea historias que cuando sea mayor convertirá en hermosos cuentos.

La creatividad es algo que se puede trabajar, que permite al niño o niña sentirse bien consigo mismo.
Crear, dibujar, pintar e inventar forman parte de la fortaleza de las personas y favorecen el desarrollo positivo del alumno.

Esta guía te ayudará a desarrollar tu creatividad:
-Mira las cosas e imagina historias sobre ellas.
-Hazte preguntas sobre lo que ves.
-Intenta ser curioso con lo que te rodea.
-Dedica tiempo a pensar e imaginar.
-Juega con construcciones.

Recuerda: ¡No hay límites para tu creatividad!

✏️ Caligrafía L

Para hacer la letra L mayúscula
dibuja una cascada. El agua cae y llega a un lago.

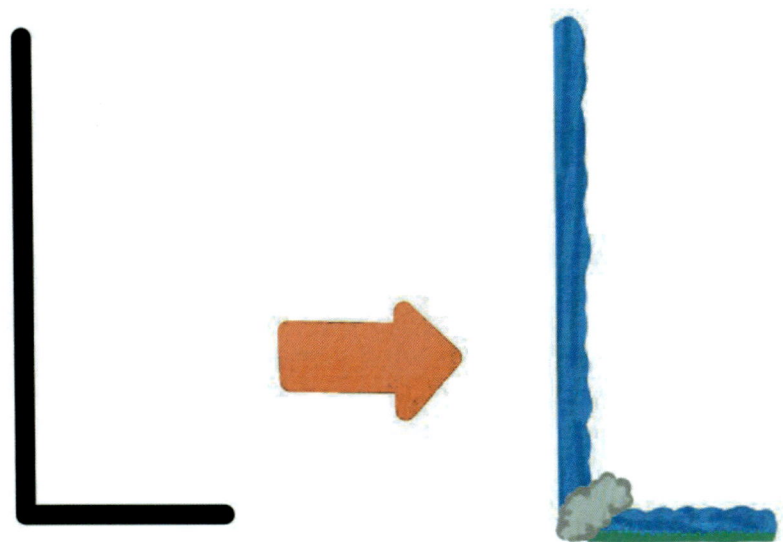

✏️ Caligrafía l

Para escribir la letra l minúscula imagina que vas en un cohete que sube al espacio, luego baja y aterriza.

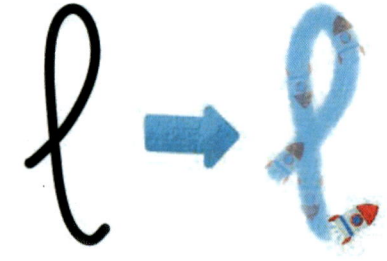

✏️ Caligrafía l

Para hacer la letra l minúscula dibuja un palo.

Sonido: L

Lo reconocerás con las palabras:

lagartija

león

líneas

Lola

luna

REFERENCIAS BIBLIOGRÁFICAS

◇ FEDIS (Federación Española de Dislexia y otras DEAs). https://fedis.org/dislexia

◇ Martínez Miralles, C. y Hernández Pallarés, L. (2019). Guía para el éxito escolar del alumnado con dislexia. Consejería de Educación, Juventud y Deporte Región de Murcia.

◇ ASANDIS (Asociación Andaluza de Dislexia). GUÍA GENERAL SOBRE DISLEXIA 2.010 https://fedis.org/asandis/

◇ Sherman, G. F. Dislexia: ¿Es todo mental? The International Dyslexia Association (IDA), 2000.

Thomson, M.E. Dislexia: su naturaleza, evaluación y tratamiento. Alianza Editorial, 1992

Díaz Rincón, B. Definición, orígenes y evolución de la dislexia. Papeles Salmantinos de Educación Num.7 (2006). Universidad Pontificia de Salamanca.

Quirós, J.B. y Della Cella M.A. La dislexia en la niñez. Editorial Paidós 1992

Sánchez Merchán, M.L. y Coveñas Rodriguez, R. Dislexia: un enfoque multidisciplinar. Editorial Club Universitario, 2010

Gayán, J. La evolución del estudio de la dislexia. Anuario de Psicología, vol. 32 nº1. Universidad de Barcelona, 2001

Ripoll Salceda J.C. y Aguado Alonso, G. Eficacia de las intervenciones para el tratamiento de la dislexia. Revista de logopedia, foniatría y audiología, Vol. 36, Nº 2 págs. 85-100, 2016

Warner, J. Estilos de aprendizaje. Editorial Ramón Areces, 2009

Gutiérrez del Moral, M.J. El trabajo cooperativo, su diseño y evaluación. Fundación Dialnet, 2009

Pascual Lacal, R. y Quirell José, M. Las Competencias Comunicativas orales en la Educación Infantil, pág. 57-74. Editorial Dykinson, 2021

Solé Gallart, I. Estrategias de lectura. Editorial Graó, 1987

Sinclair, A. Jarvella, R. Levelt, M. The child's conception of language. Editorial Springer, 1978- Goleman, D. Inteligencia emocional. Editorial Kairós, 1998

Guillén, J. blog https://escuelaconcerebro. wordpress.com

Cassant, D. Lectura y vida (2002); danielcassany@upf.edu

Cortazar, J. Cuentos completos. Editorial Alfaguara, 2010

Ministerio de Educación, Formación Profesional y deporte:https://www.educacionyfp. gob.es/mc/sgctie/convivencia-escolar/ en-accion/educacion-emocional.html

AGRADECIMIENTOS

Quiero agradecer a mi padre, mi madre, mis hermanas; Verónica y María del Mar; la paciencia y el apoyo con el que he contado desde el inicio. Sin ellos este libro hubiese quedado relegado a un cajón.

Asimismo, quiero dar mi más sincero agradecimiento a Sebastián Sánchez Martos, logopeda, Juan Francisco Herrera Alarcón, psicólogo del Centro De Psicología Altea y Susana Señor Berenjeno docente de Educación Primaria y Audición y Lenguaje. Su labor ha sido esencial para guiarme y transformar un aprendizaje complejo en algo lúdico, cercano y motivador.

No quisiera dejar de mencionar a mi centro educativo que siempre me ha valorado y permitido trabajar con vocación y corazón. Junto a las familias de mis alumnos/as que no dudaron en colaborar en este maravilloso proyecto.

Y por supuesto, a mi marido Enrique, y a mis dos hijas: Rosalía y Carmen. Ellos son los pilares de mi vida, quienes me animan a emprender nuevas aventuras.